Werner Krotz

komplott der liebe

Werner Krotz

komplott der liebe

Gedichte

© 2017 - Werner Krotz

© Titelfoto „formation-508038" 2014 –
Manfred Antranias Zimmer / pixabay

Icon „Goose" made by Freepik from
www.flaticon.com

Verlag: tredition GmbH, Hamburg

ISBN
Paperback: 978-3-7345-9195-2
Hardcover: 978-3-7345-9196-9
e-Book: 978-3-7345-9197-6

2. verbesserte Auflage

Printed in Germany

Die in diesem Band enthaltenen Gedichte sind zwischen Dezember 1997 und Mai 2002 entstanden.

***

Ich wurde 1941 in Wien geboren. Ich lebe in der Umgebung von Wien, habe aber auch acht Jahre in der Schweiz zugebracht.

Bei meinem Studium, das mit dem Dr.phil. abschloss, habe ich gelernt, mich selbst und die Bedeutungen der Worte infrage zu stellen.

Über lange Jahre hinweg habe ich ein literarisches Tagebuch geführt. Dabei sind Gedichte, kleine Prosastücke und kurze Theaterstücke entstanden, von denen drei aufgeführt wurden. Außer Büchern mit Lyrik und Kurzprosa habe ich auch Sachbücher und Bearbeitungen veröffentlicht.

Der vorliegende Band macht einen kleinen Teil meiner literarischen Tagebücher öffentlich.

Meine E-Mail-Adresse: werner.krotz@gmx.net
Meine Website: www.wernerkrotz.net

ein sprühender stern
der liebe
will ich sein
ein spiralnebel
der heilung
ein tau
auf allen gräsern

lumpen
lyrik
fällt
aus der logik
fällt
aus der zeit
in die
tränen
lach
gas
maskeraden
bunte
welt

meeres
atem
wind
bäckerei
alpen
glühen
feuer
salamander
lebens
geist
geborene
freude

flüssiger kristall
lava blüten wind
lautloser schall
uraltes kind

im sonnenwirbel schlafend
im mondkies wachend
in erdteilen schaffend
tränen lachend

girlanden bindend
dich und mich
umwindend
wonniglich

barmann
barhäuptig
barfuß
bardame
bar jeder hoffnung
wunder
bar

rollen
spielen
und
auf einmal
aus allen rollen
fallen
durch den rost
fallen
durch alle fallen
fallen
auf den grund
fallen
auf der erde
gehen
mit neuen augen

wir nennen es
leben
wir nennen es
liebe
doch lass uns
nichts mehr sagen
wir könnten es
verjagen

ver
wund
dung

der wind bläst
durch mich hindurch
bläst haare weg
und haut
und fleisch
und legt sie frei
die leuchtende struktur

glühende kohle am himmel
längsgeschichtet
sonne in streifenwolken

zerquetschte
zerknirschung
zerrinnt
zwischen
den zweigen
des lebensbaums

es spinnt sich fort
durch zeit und raum
das lebensgedicht
das atmet
niemals festgeschrieben
erst mit dem letzten atemzug
beendet
und als duft
versendet

der wind wirft schnee
verklebt mir
das gesicht
die augen
blind
die nase
ungeboren
der atem
unverfroren

eisgebilde
märchenhaft schön
sonne
es schmilzt
es tropft
glück
glück glück
glück glück glück
glück glück
glück
glück glück
glück
glück

frei
frei wie ein vogel
der durch die lüfte schwebt
vogelfrei

nieder
schmetter
ling

der wind schreibt
muster
in den sand
und heult
denn der wind
kann nicht lesen

fliege
süß
fliege
und klebrig
fliege
ist der tod
fliege
fliege

ich geh
mit dem all schwanger
und das all
mit mir
wer wird zuerst
gebären?

verstreut
meine asche
in wind
bäckerei
und wasser
melonen
denn dort
will ich wohnen

in den rollen
nicht mehr tollen
aus allen
rahmen fallen
niemals weichen
wie die blinden schleichen

ein getüm
ist stets gestüm
und glaublich
stets besehen
und beleckt

daran halte dich
und hüte dich
vor dem unschein
und dem ungemein

verzückt
verrückt
nach einem stück
vom glück

beleckt
verschreckt
und fast verreckt

ohne dach
und ohne fach
und doch gemacht
und selten so gelacht

das kleine i
fühlt sich so klein wie nie
das große i
fühlt sich so groß wie nie
das fremde i
fühlt sich so fremd wie nie
denn dieses i
es leidet unter mimikry

ei schön
springt der
springende punkt
bei diesem
stirb und werde
es ist
ei sprung zeit
und eine eichel
tanzt im sonnenlicht
zur erde

alltag

die hände
die füße
den kopf
und den arsch
hab ich angezogen
darüber die tageszeitung
und den tagesteller
und ich heb
den tageslauf
aus dem trüben
dort hinauf
wo ein lachen flattert

von der nachtschlafenden zeit
zur tagträumenden zeit

doch irgendwann
ist tagwache

zen

keine klanghölzer
keine glocke
keine kerze
kein räucherwerk
welche spur
zieht die möwe
im wind?

angst und bang
gingen ins kino
angst sah
den film bang
und bang sah
den film angst
da hätten sie genauso gut
zu hause bleiben können

ich fühle
eine wunde
doch diese wunde
ist eine blume
eine wunderblume

der tag
ist fast vorbei
er wartet
dass ich ihn umarme
dann kann er
friedlich gleiten
in die nacht

die engelkerze
die du mir geschenkt hast
brennt
gold wird
zu feuer
alchemie
der liebe

die laufkatze
sah im laufstall
eine laufmasche
und gab ihr empört
den laufpass

park mit leiche
nebel mit krähe
croissant mit butter
frau mit herz

lebens knopf
im taschentuch
geht auf
erquickt den
lebens lauf
lebens licht
leuchtet auf

straßenbahn hoffnung
endstation sehnsucht
und nachher
keine schuhe mehr

dobermann
liebt doberfrau
doberkind
trinkt kakao
zur abendstund
im rottweiler
wau

wortfetzen
so nett
gedankensplitter
im prokrustesbett
nackt im regen
tonnen wind
das himmlische kind

der dreißigjährige krieg
der hundertjährige kalender
das tausendjährige reich

das ewige licht

spieglein spieglein spiegel ei
spiegel zwei und
spiegel drei
spiegel fels und
spiegel kuh
spiegel ich und
spiegel du
brennglas
brechglas
brechen sehr
haben keinen spiegel mehr

jeansblaue socken
am himmel
dazwischen
tanzende röcke
aus weißem tüll
so weiß
wie kein bleicher auf erden
sie machen kann

der tag
berührt die nacht
die nacht
berührt den tag
die liebe
weckt die liebe
ohne ende

balken baumeln im wind
sie hängen an haaren
donnern hinauf
in die unendliche enge
wo kerosingeruchlos
die fische sterben

liebste
du allerliebste
du allerlei sanft
und rau
im morgenlicht
tanzt der blütenwind
unsere herzen entlang

das eiserne gatter
zersägt den eisernen vorhang
und der eiserne mann
zerschmettert das eiserne gatter
und die kamikazefliege
führt den eisernen mann
zum eisernen tor
da tanzt er davor

in mir ist
eine ungeheure sehnsucht
nur die erde
kann sie erfüllen
der himmel
kann es nicht
wenn der phönix
aufsteigt
aus der asche
ist er voll asche

in der vertagung
war er nicht
zu finden
drum such den jungbrunnen
ich jetzt
in der umnachtung

hochträchtig
mittelprächtig
niederträchtig

das wenn
ist ein bissiger hund
das nur wenn
ist ein killerhund
hüte dich
kleines dann

strahlender regen
am himmel
eine fülle von sonnentropfen
schickt er zur erde
wo ist der sonnen regen bogen?

wir bestellen kaisergulasch
mit spiegelei
und essiggurken
und da geht auch schon wieder
der gürtelrosenverkäufer vorbei

trag am ohr
den schwarzen trauerflor
denn in schwarz
ist weiß verborgen
und in weiß
der regenbogen
und der ist am ohr
das freudentor

die nieder lage
eines großen sieges
am denk mal
tu mal
nichts
entblättert ist
sogar die liebe

hab regen im herzen
pflanzenmensch
du grüner
mars und venus geborener
lass dich liebkosen
von den tropfen
außen und innen

der mundblick
sprach im augenblick
zum ohrenblick:
ich nehm es dir nicht weg
dein kurzes
so kurzes glück

ohne feigen
ohne datteln
ohne wasser
ohne brot
ohne honig
ohne milch
mit libellen flügel hörnern

nackt ist das morgengrauen
denn das abendrot
macht kleiderpuppen tot

als im stundenhotel
das stundenglas
zu boden krachte
wurde zur stund
der lustmolch befreit

geometrie
der liebe

gerade
tangente
sekante
durch den mittelpunkt
des glockenrocks

ich parabel
du parabel
wir hyperbel

blick mir nicht ins antlitz
in mein austerlitz
mein waterloo
du könntest sonst denken
du bist ich

zeit
bomben
gelächter

käsemann
und milchfrau
zeugen
mit freuden
ein crème fraîches kind

solarplexus
lunarplexus
perplexus

ingeborg
geborgte zeit
geborgtes leben
zurückgelegt
in das todesschiff
mit unbekanntem ziel
ingeborg
bachmann

im honignebel
fällt ein verirrter wermutstropfen
durchs fass ohne boden

achtung
bruchlandung
es ist der
dilemma geier

der geist von davos
stellt sich bloß
die weltwirtschaftsgeiß
flieht bald
ins ewige eis

wütend
weht der
wechselbalg von
westen
fleißig
fallen
fische ihm zu
füßen

vorwärts
vorwärts
wir gehen zurück
ans ende der welt
und dort verkaufen wir
unser geld

es gibt wirklich
kein entrinnen
vor des tages
heller finsternis
vor dem dunklen licht
der nacht

mondfinger
berührt das lebendige
sonnenhand
erweckt das tote

ein herz blatt schuss
macht den atem los

mein tränensack
füllt sich mehr und mehr
und wenn er voll ist
spiel ich auf ihm
die längst vergessene
melodie

gescheiter
nicht scheitern
gescheiter
nicht am scheiterhaufen enden
gescheiter
den pfannkuchen wenden

ohne mich
kein ich

ich könnte keiner schnecke
ein haar krümmen

backpulver
milchpulver
waschpulver

pulverfass

ich bin bereit
den schmerz zu erleben
ich bin bereit
den schmerz zu gestalten
feuchter ton ist er
für meine hände

das zerborstene herz
verteilt sich fein
über die ganze welt

wer traut mir so viel liebe zu
wie ich habe?
ich bin ein meer von liebe
ein fass ohne boden
ich lebe
im namen der liebe

zeugung ist gut
doch hüte dich
vor der überzeugung

ich hab den
faden verloren
im fass ohne boden
und ich will ihn
wirklich
nie mehr finden

es weint
ein krokodil
am nil
es weint
sehr viel
es weint
und weint
und weint...
am nil

über dem feuer- und wasserfall
wohnt der vogel
tag- und nachtigall

der reinfall
fällt immer rein
der reinwasch
wäscht alles rein

die zeit
hat ein leck
aus ihr tropft es
in die ewigkeit

guter tropfen liebe

die mondsichel
liegt wie ein boot
am himmel
geöffnet
zu den sternen
über ihr

wenn er so liegt
ist der trabant
kein völlig deutscher
gegenstand

reststück glück
billig erworben
im nächsten laden
oder
beutestück glück
dem tiger aus dem
maul genommen
oder
goldstück glück
vom meeresgrund
heraufgeholt

annabell
potenziell
bist du so speziell
tendenziell
bist du sexuell
manuell
und spirituell
bist du ganz reell

hallo
wir treffen uns
im raum
und in der zeit
doch sage ich
ganz unumwunden:
den raum
und auch die zeit
die haben wir
erfunden

ein herrlicher tag
ein herrlicher augenblick
kein zorn
blickt nach vorn
und zurück

liebe ist
ein herz
ohne feigenblatt

die unruhe
geht
und geht
und geht
und geht
die unruhe
geht
und geht
und geht
und geht
die ruhe
kommt

dada
bolo
dada
bolo bolo
dada
bolo bolo bolo
dada
bolo bolo
dada
bolo
dada

traumhaft
traumverloren
traumversunken
schlaftrunken
mit schlafwandlerischer sicherheit
wirklichkeit

die sonne
kommt hinter dem berg hervor
und wirft
eine lodernde fackel
über den see

dickflüssig
flüssig
überflüssig

gott ist tot
wer versteht
dieses komplott
der liebe zu uns
dass wir erwachen
und kommen ins lot

der rabe krächzt
krieg
der falke singt
sieg
die taube
mit dem ölzweig
fliegt über dem
lügenmeer
und wundert sich
sehr

lange ersehnt
öffnen die schleusen sich
ströme von liebe
liebkosen
dich und mich

schwimm
im strom des lebens
forme dich
zu kristallen
und lös dich wieder auf
du bist wasser

ich darf dich
lieben
welcher wunsch
ist mir geblieben?
dass im meer der liebe
jedes gift
geläutert werde
in mir
in dir
und auf der ganzen
erde

wachverloren
traumbewusst
mein tag
dringt durch die nacht
und meine nacht
empfängt den tag
seit es dich gibt

es ist herrlich
keine zeit zu haben
keine lange zeit
keine kurze zeit
einfach keine zeit
nur die ewigkeit

so oft war ostwind
doch jetzt weht der wind
konstant aus dem westen
und die kühe fliegen
tief unter der erde

stur
wie ein panzer
weich
wie das innerste
der regenbogenschnecke

liebesabend
liebesnacht
liebesmorgen
liebestag

ich schau mit meinen augen
in die welt
ich schau mit deinen augen
in die welt
und irgendwann schau ich
mit hundert augen in die welt

das innerste geheimnis

ab einem gewissen punkt
kann die liebe
nur noch zunehmen

wie geh ich dir
wie gehst du dir
wie geht er dir
wie geht sie dir

wie geht es dir

hoch am himmel
höher als der höchste schimmel
fährt die eisenbahn
es ist höchste eisenbahn

der duft
der spur
losen
spur

ich liebe dich
wenn ich dich liebe
ich liebe dabei
nämlich dich
und nicht versehentlich
nur mich

würd ich es
in worten sagen
wär es wieder weg
also sage ich es nicht

unbekümmert
ungezwungen
unverschämt
unverbrämt

im lebendigen
noch tot
im toten
schon lebendig

was sind gedanken
was sind gefühle
was sind entscheidungen
gedanken vergehen
gefühle vergehen
entscheidungen vergehen

etwas zittert
und vergeht nicht

ich bin
ein bergsee
an meinen ufern
blüht die wüste

an dem tag
als sie die randen fanden
warn sie außer randen
außer banden
und sie standen
auf veranden
und wollten nicht versanden
und an diesem tag
aßen sie nur randen

Anmerkung:
Schweiz: Randen
Österreich: Rote Rüben
Deutschland: Rote Bete

der schrei nach leben
der schrei nach liebe
der schrei nach ewigkeit

leben
liebe
ewigkeit

eine kleine eidechse
und ein trockenes blatt
wer ist die eidechse?
wer ist das blatt?

eine kleine eidechse
und ein trockenes blatt
eine kleine eidechse
sie ist weitergehuscht

wer hat den käse zum bahnhof gerollt?
wer hat den torten die ecken beschnitten?
wer hat die sahne so heftig geschlagen?
wer hat dem bären den gummi gestohlen?
wer ist über die leber gelaufen?
wer hat herz und nieren geprüft?
wer hat hopfen und malz verloren?
wer hat kraut und rüben verwechselt?
wer ist in schaumrollen verschollen?
wer hat in eselsmilch gebadet?
wer hat den paprika im hintern?
wer hat schon wieder die milch verschüttet?
wer hat die augen blank geputzt
die hühneraugen
nach so viel tränen?

eine wüste
aus weißem sand
aus weißen salzkristallen
aus weißem schnee
aus gefrorenen daunen
aus tonscherben
mit bloßen füßen
scherbengericht

ei haut
sprung tuch
aug apfel
leb kuchen

werde ich gelabt?
          gelebt?
          geliebt?
          gelobt?
um gottes willen
hoffentlich nicht
          gelebt

da ist ein loch
in der wüste
sand läuft aus
und läuft ins meer
und jedes sandkorn
sucht sich eine muschel

schwarze bäume
grauer himmel
morgendliche
vogelstimmen

null jahre
zwanzig jahre
vierzig jahre
sechzig jahre
achtzig jahre
hundert jahre
ich nehme mein alter
wahr
und unwahr
und staue
und fließe doch

ich bin berührt
die bäume sind unberührt
ich bin berührt
die bäume sind unberührt
ich bin berührt
die bäume sind unberührt
sie sind berührt
von allem was ist

das sagbare
sagbar
das unsagbare
unsagbar
das leben
lebbar
die liebe
unschlagbar

ja sagen
nein sagen
leben
alles ist
ein tiefes ja

eines gestorbenen
traumes frucht
ist das geborene
leben

ich
bin stärker
als ich

nicht opfer
nicht täter
nicht dies
nicht das
nur erde
wasser
lotosblüte

worte
muster
netze
viele worte
viele muster
viele netze
hinter worten
leben
ohne worte
leben
worte los werden
sein und leben

wenn die affen
auf den schleifsteinen hocken
schlucken sie
die größten brocken
ganz anstandslos
doch eines tages
reißen sie sich los

wenn die tauben
friedenstauben
in den lauben
nur noch schnauben
sich verstecken
unter hauben
wenn die blinden
trauerlinden
sich in stahl-
gewittern winden
wer kann dann
den frieden finden?

geteert
gefedert
im vernichtungsrad
das über die erde
tanzt

zellkern
zellmembran
zellatmung
zellteilung
osmose
reine liebe

Weitere Bücher des Autors
(Auswahl):

zeit wie flüssige kristalle -
Gedichte
104 Seiten
Softcover, Hardcover und E-Book
ISBN 978-3-7345-915x-x
tredition
3. Auflage 2017

Glücklich in Petrití -
Urlaubsimpressionen aus Korfu
100 Seiten
Softcover, Hardcover und E-Book
ISBN 978-3-7323-728x-x
tredition
1. Auflage 2015

Im Zentrum des Zyklons -
Gedichte und Kurzprosa
156 Seiten
Hardcover, ein Farbfoto
ISBN: 978-3-9449-4865-2
Medu Verlag
1. Auflage 2016

Auf dem sattellosen Windpferd -
Gedichte und Kurzprosa
178 Seiten
Hardcover, fünf Farbfotos
ISBN: 978-3-944948-84-3
Medu Verlag
1. Auflage 2017

Hände weg, doch pack an -
Das Daodejing in neuer Bearbeitung
mit einem Anhang:
Gedichte zum Daodejing
138 Seiten, illustriert
Hardcover
ISBN: 978-3-940528-77-3
Persimplex Verlag
1. Auflage 2009

Das Ende der Paradigmen -
Spurensuche für eine neue Zeit
224 Seiten
Softcover
ISBN 978-3-944948-16-4
Medu Verlag
1. Auflage 2014

Alles für alle -
Bausteine des Lebens
352 Seiten
Softcover
ISBN 978-3-944948-38-6
Medu Verlag
1. Auflage 2015

Jesus aus dem Sand -
Etüden zu den Evangelien des Thomas
und der Maria
292 Seiten
Softcover
ISBN 978-3-944948-56-0
Medu Verlag
1. Auflage 2015

Osternacht der Menschheit
220 Seiten
Softcover
ISBN: 978-3-944948-64-5
Medu Verlag
1. Auflage 2016

Zeitfracht Medien GmbH
Ferdinand-Jühlke-Straße 7
99095 Erfurt, Deutschland
produktsicherheit@kolibri360.de